Silvia Schein

Partizipation als Instrument einer nachhaltigen Stadtentwicklung

GRIN - Verlag für akademische Texte

Der GRIN Verlag mit Sitz in München hat sich seit der Gründung im Jahr 1998 auf die Veröffentlichung akademischer Texte spezialisiert.

Die Verlagswebseite www.grin.com ist für Studenten, Hochschullehrer und andere Akademiker die ideale Plattform, ihre Fachtexte, Studienarbeiten, Abschlussarbeiten oder Dissertationen einem breiten Publikum zu präsentieren.

Dokument Nr. V163723 aus dem GRIN Verlagsprogramm

Silvia Schein

Partizipation als Instrument einer nachhaltigen Stadtentwicklung

GRIN Verlag

Bibliografische Information der Deutschen Nationalbibliothek: Die Deutsche Bibliothek
verzeichnet diese Publikation in der Deutschen Nationalbibliografie; detaillierte bibliografische Daten sind im Internet über http://dnb.d-nb.de/ abrufbar.

1. Auflage 2004
Copyright © 2004 GRIN Verlag
http://www.grin.com/
Druck und Bindung: Books on Demand GmbH, Norderstedt Germany
ISBN 978-3-640-79290-0

Partizipation als Instrument einer nachhaltigen Stadtentwicklung

Silvia Schein

1. Einleitung

1.1 Bedeutung für die Stadtplanung

Wenn es um die Gestaltung des Lebensraumes der Bevölkerung geht, ist die Betroffenheit besonders stark und unmittelbar. Sei das die Neugestaltung eines Platzes, die Gestaltung einer Schule, die Erweiterung eines Flughafens, der Bau einer Straße. Überall muss geplant werden. Überall ist das Ergebnis für die Anrainer direkt sichtbar, spürbar und erlebbar.
Hier haben sich partizipative Modelle in den letzten Jahren stark entwickelt. In vielen Bereichen erkennen Politik und Verwaltung zunehmend, dass eine kooperative Aushandlungskultur zu tragfähigen Partnerschaften für die Umsetzung von Plänen und Projekten beitragen kann. Gerade bei größeren Projekten und Investitionen ist eine intensive Auseinandersetzung in der Planung trotz zusätzlicher Kosten und eventuellen Verzögerungen die billigere Alternative gegenüber Konflikten bei der Projektumsetzung.
Es gibt also bereits vielfältige Erfahrungen mit Partizipationsverfahren in der Planung, und dennoch ist in der Literatur immer wieder der Hinweis zu finden, dass Dinge, die man in einem Prozess gelernt hat, anderen Personen schwer vermittelbar sind, und dass der Erfahrungsaustausch darüber noch nicht in geeigneter Form stattfindet. Deshalb wird selbst in ähnlichen Prozessen „das Rad oft neu erfunden".

1.2 Definition Partizipation

Der Begriff Partizipation, spätlateinisch participatio, leitet sich ab vom lateinischen particeps »teilhabend«. Partizipation ist allgemein die alltagssprachliche Bezeichnung für die Teilhabe einer Person oder Gruppe an Entscheidungsprozessen oder Handlungsabläufen in übergeordneten Organisationen und Strukturen (BROCKHAUS 1998, S.609).

In der Stadtplanung bedeutet dies die Teilhabe und Mitbestimmung der Bürger an Planungsprozessen. Partizipation steigt in dem Ausmaß, in dem der Einfluss von zwei (oder mehreren) Gruppen auf einen Entscheidungsprozeß sich dem Gleichgewicht nähert. Maximale Partizipation ist bei gleichgroßem Einfluss beider Parteien erreicht – minimale im Falle, dass sich der ganze Einfluss auf einer befindet. Bei minimaler Partizipation kann von Pseudo- oder unechter Partizipation gesprochen werden, wenn die einflussarme Partei zwar umfassende Erklärungen und Information erhält, die Entscheidungen im Endeffekt allerdings von der einflussstarken Partei alleine getroffen werden.

Wird die Bürgerbeteiligung in einem konkreten Planungsfall durch staatliche Organe eingeleitet, ist von einer "top down" Partizipation zu sprechen, sind hingegen Initiativen von Privatpersonen die treibende Kraft bei der Initiierung eines Beteiligungsprozesses, nennt sich dies "bottom-up" Partizipation (MÖLLER et al. 2002).

2. Partizipation in Planungsprozessen

2.1 Rahmenbedingungen

Die Teilnahme von Bürgern in Planungsprozessen mit dem Ziel einer nachhaltigen Entwicklung ist eine unabdingbare Voraussetzung für den Weg in eine erfolgreiche nachhaltige Gesellschaft. Voraussetzungen dafür sind Demokratie und Solidarität als Rahmen, in dem sich die Menschen durch Verwirklichung mitweltbezogener Werte selbst verwirklichen können, und darüber hinaus ein neues Politikverständnis, mit dem Ziel zur Schaffung besserer Voraussetzungen für Bürgerbeteiligung. Vor allem die Gesellschaftspolitik muss sich ihrer leitbildhaften Funktion bewusst werden. Sie muss heute versuchen, auf Wirtschaft, und räumliche Entwicklung Einfluss zu nehmen. Für raumrelevante Selbstorganisationsprozesse ist daher die Einbindung von Betroffenen in konzeptionelle und praktische Arbeit unabdingbar. Nachhaltige Entwicklung kann nur in Zusammenarbeit von Wissenschaft, Verwaltung und Bürgern erreicht werden (MÖLLER et al. 2002, S.11 –13).

2.2 Partizipationsformen in der Stadtplanung

Das Liste der Partizipationsmöglichkeiten umfasst ein sehr breites Spektrum, angefangen von Bürgerinformation über Rundschreiben und Bürgerbefragungen bis zu etablierten Gremien, in denen die BürgerInnen ständig an Planungs-/Entscheidungsaufgaben mitwirken können. Im Folgenden kann nur ein kurzer Überblick über die wichtigsten stadtplanerischen Partizipationsformen nach BISCHOF 1996 gegeben werden, die ausgehend von dem Erkunden von Interessen und Meinungen über das Informieren bis hin zum konkreten Beteiligen reichen. Planungs- und Entscheidungsprozesse unterscheiden sich also, wie aus der Abbildung ersichtlich, durch den Grad der Partizipation und ihrer Institutionalisierung (Universität Hannover, Juni 2004).

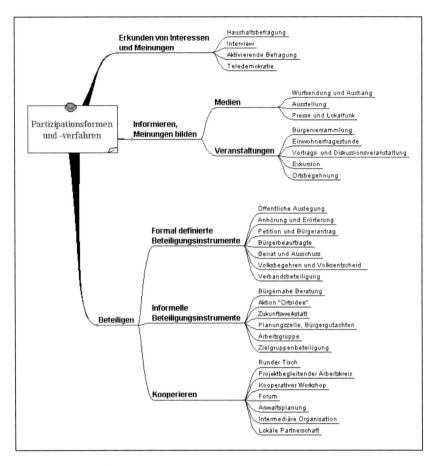

Abbildung 1: Übersicht zu Formen und Verfahren kommunikativer Planung
(Quelle: Uni Hannover, Juni 2004)

2.3 Vorteile und Problembereiche in bezug auf Partizipation

Folgende Vorteile können für die Stadtplanung durch eine breite Partizipation erzielt werden: Partizipation sichert den Zugang zu mehr und besserer Information sowohl für Verwaltung, Politik und PlanerInnen als auch für Beteiligte. Erstere können besser lokales Wissen einbinden und sich auf lokale Vorstellungen einstellen. Beteiligte können besser die Handlungszwänge der RegionalplanerInnen verstehen

Die verstärkte Anwendung von Bürgerbeteiligungsverfahren führt außerdem zu einer zunehmenden Identifikation der Bürger mit ihrem Lebensraum und zur Steigerung der Akzeptanz von Veränderungen. Durch erhöhte Akzeptanz wird die Verwaltung auch bei der Aufarbeitung von Anfragen, Beschwerden und Vorwürfen aus der Öffentlichkeit entlastet. Ferner steigt die Bereitschaft bei den BürgerInnen, politische Verantwortung zu übernehmen, wodurch die Möglichkeit des prozesshaften Voneinanderlernens im gegenseitigen Erfahrungsaustausch steigt, und die politische Souveränität des Bürgers weiter ausgeweitet wird.

Jedoch gestaltet sich Praxis schwerer als sich die Partizipation theoretisch formulieren lässt: Gründe für das Scheitern eines Partizipationsprozesses sind, dass die Verwaltung und Politik einen Machtverlust befürchten, dass unklar ist, wie BürgerInnen aktiviert werden können, dass sowohl bei den Planern als auch bei den Bürgern Zeitmangel besteht, dass viele BürgerInnen glauben nicht über ausreichendes Wissen zu verfügen, etc. Die Liste der Probleme in bezug auf Partizipation ist lang. Deshalb soll im nächsten Kapitel eine Anzahl von Kriterien gegeben werden, die jedes Verfahren erfüllen muss, um langfristig Aussichten auf Erfolg zu haben (KRETSCHNIG 2003; MÖLLER et. al 2002, S.153-158)

2.4 Vorraussetzungen für erfolgreiche partizipative Planung

Zielgruppengerechte Information: Um sich überhaupt an der Gestaltung des Lebensraumes aktiv beteiligen zu können, bedarf es umfassende Information die zielgruppenspezifisch über die Möglichkeiten und Entscheindungsgrundlagen aufzubreiten. Denn nur so ist es den Beteiligten möglich, fundierte Meinungen zu bilden und Vorschläge in die Diskussion einzubringen. Da das vorhandene Informationsmaterial oft in formaler Expertensprache formuliert ist und in seinem Umfang einzelne Beteiligte mitunter überfordert, ist es wichtig, die Informationen in geeigneter Form, bezogen auf die jeweilige Zielgruppe, aufzubereiten. Denn durch sachliche, breitgefächerte Information ist es sodann mögliche Synergien zwischen den Betroffenen aufzuzeigen, Vorbehalte auszuräumen. Diese Aufgaben der Aufbereitung und Bereitstellung von Informationen sind Aufgabe von Politik und Verwaltung. Eine wichtige Rolle für die Transparenz eines solchen Prozesses spielt hier außerdem die Zugänglichkeit aller relevanter Informationen.

In diesem Zusammenhang sei kurz die rückgekoppelte Kommunikation, also der Informationsaustausch zwischen den verschiedenen Akteuren erwähnt. Denn mit Hilfe des

regelmäßigen Erfahrungsaustausches lassen sich Wiederholungen von Fehlern vermeiden oder ineffiziente Handlungen vermeiden. Interessensausgleich kann nur über kommunikative Verfahren hergestellt werden. Dazu ist die Ausbildung einer gemeinsamen Sprache wichtig. Fachleute müssen ihre Fachsprache in eine allgemein verständliche Form bringen, regionale Akteure müssen sich ein gewisses Maß an Wissen bzw. Fachausdrücken aneignen. Alle Prozesse mit mehreren Beteiligten brauchen Spielregeln, in denen ein fairer Prozess entstehen kann. Dazu ist die Schaffung eines institutionellen Rahmens notwendig.

Beteiligung aller BürgerInnen: Die Bereitschaft für bürgerschaftlichen Engagement ist bei weitem noch nicht ausgeschöpft. Betrachtet man nämlich dieses, so zeigt sich eine Überrepräsentation von Engagementerfahrenen, Mittelschichtangehörigen, Menschen aus gesicherten Familienverhältnissen und formal Höherqualifizierten, sowie eine Unterrepräsentation von Arbeitern und Arbeitslosen.

Besonders bei der Betrachtung von Bürgerinitiativen, die sich traditionell aus Angehörigen hoher sozialer Schichten zusammensetzen, ist dies klar ersichtlich. Hier werden nämlich teilweise Bürgerinitiativen dazu benützt werden, den Ausbau von Privilegien der bereits Privilegierten noch zu verstärken. So kann man zum Beispiel in Graz ein deutliches Ost-West-Gefälle beobachten, das durch Bürgerinitiativen noch verstärkt wird.

Es ist Kernfeld sozialer Arbeit, an der Herstellung von Gemeinschaftlichkeit und Solidarität, an tragfähigen neuartigen Systemen sozialer Unterstützung, an politischer Partizipation, und sozialer Ungerechtigkeit zu arbeiten. Über die Nothilfe hinaus kommt ihr hinsichtlich Aktivierung, Mobilisierung, Eröffnung von Teilhabechancen und der Unterstützung von sozialem, politischem und kulturellem bürgerschaftlichem Engagement eine Schlüsselrolle zu. Hierbei finden sich zwei Kernbereiche; Die Schaffung von Gelegenheitsstrukturen für Engagement und die Aufgabe, für eine engagementförderliche Sozialisation der nächsten Generationen zu sorgen. Bürgerbeteiligungsverfahren haben den Anspruch gerade auch diese Gruppen mit einzubeziehen. Es gilt darauf zu achten, dass alle von einem bestimmten Anliegen betroffenen Gruppierungen an dem Prozess beteiligt sind, wobei hier weniger eine quantitative Repräsentativität, als eine Repräsentativität der unterschiedlichen inhaltlichen Positionen im Vordergrund steht. Dies ist wohl das Hauptproblem für eine nachhaltig lebende Gesellschaft. Es muss unbedingt gelingen, Bürgerbeteiligung allen zugänglich zu machen, damit sie nicht zu einem Instrument verkommt, um schon Privilegierten noch weitere Privilegien zu sichern.

Prozesshaftigkeit: Um Prozesshaftigkeit zu gewährleisten sollte Bürgerbeteiligung nicht nur ein singuläres Ereignis sein, sondern als kontinuierlicher Dialog zwischen Bürgern, Politik und Verwaltung gesehen werden. Es gilt, in der Kommunikation eine gegenseitige Vertrauensbasis herzustellen und soweit auszubauen, dass eine gemeinsame Planung und Konfliktlösung ermöglicht wird. Voraussetzung dafür ist, dass Bürgerbeteiligung als ‚offene Planung' erfolgt, in der Bürgern ab dem Zeitpunkt einbezogen werden, sobald Veränderungen im öffentlichen Raum angedacht werden.

Festlegung der Handlungswei: Um Transparenz und Nachvollziehbarkeit der Entscheidungsprozesse zu optimieren, müssen zu Beginn eines Beteiligungsprozesses Kompetenzen, Rollen und Möglichkeiten innerhalb des Verfahrens geklärt werden. Ferner sollten gemeinsame Zielformulierungen aufgestellt werden. Der Überwindung dominanter Privatinteressen muss dabei besondere Aufmerksamkeit gewidmet werden. Eine solche Haltung wird oft mit Beteiligungsverfahren assoziiert. Es gilt also in einem Beteiligungsverfahren den Ansprüchen eines Gemeininteresses zu genügen und den subjektiv eingeengten Blickwinkel zu überwinden. Für die Bewältigung dieser Kriterien ist nach meiner Ansicht ein Moderator unerlässlich.

Verbindlichkeit: Ein wichtiges Element von Bürgerbeteiligungsprozessen ist die Verbindlichkeit bzw. das Ernstnehmen der Ergebnisse von Seiten der Politik und Verwaltung. Dabei geht es nicht um einen rechtsverbindlichen Vertrag, sondern um öffentlich sichtbares Eingehen von Verbindlichkeiten.

Fortschritt: Für das Engagement der beteiligten Akteure sind Anerkennung und konstruktives Feedback essentiell. Auch kleine Erfolge sollen sichtbar gemacht werden. Zudem ist die Möglichkeit der schnellen Umsetzung geplanter Projekte vor allem am Beginn essentiell, um den Beteiligungsprozess im Gang zu halten (Diese Ausführungen stützen sich im wesentlichen auf MÖLLER et al. 2002).

3. Fazit

Stadtplanung in Zukunft kann als nachhaltige Stadtplanung mit besonderem Augenmerk auf Partizipation kann als Herausforderung gesehen werden, mit denen sich die Städte dringend auseinandersetzen müssen. In dieser Arbeit wurde versucht, Teilaspekte dieses Themas zu beleuchten, Ideen vorzutragen und Maßnahmen zur Unterstützung der Planer bei ihren Bemühungen um breite Partizipation in den Städten zu initiieren.

Denn der Prozess der zukunftsfähigen Stadt zielt auf Kreativität und Veränderung ab. Er betrifft den Inhalt der Politik ebenso wie die Methoden. Er stellt die herkömmlichen Lösungsmodelle der Regierungen in Frage und sucht nach neuen institutionellen und organisatorischen Aufgaben und Beziehungen.

Ungeachtet der jeweiligen Prioritäten muss der Schwerpunkt auf dem "Übergang zur Partizipation" liegen. Im allgemeinen ist es einfacher, festzustellen, was momentan im Argen liegt, und einen Wunschzustand zu beschreiben, als den Weg zu skizzieren, wie man von der derzeitigen Situation zu der gewünschten künftigen Situation gelangen kann. Der "Übergang zur Nachhaltigkeit" - die Frage, wie man diesen Schritt vollziehen kann - sollte bei strategischen Überlegungen, in allen Forschungsarbeiten und in der Praxis eingehender behandelt werden.

Der Begriff der Nachhaltigkeit ist dynamisch, er entwickelt sich. Er wird sich parallel zur Herausbildung eines besseren Verständnisses der lokalen und globalen Umwelt und mit dem Austausch der Erkenntnisse allmählich wandeln.

Quellenverzeichnis:

Literatur:

BROCKHAUS, 1998: Brockhaus Enzyklopädie 2000, Band 16. – F.A. Brockhaus GmbH, Leipzig-Mannheim, 752 S.

MÖLLER, K.(Hrsg), 2002: Auf dem Weg in die Bürgergesellschaft?. - Leske & Budrich, Opladen, 270S.

KRETSCHNIG, A. 2003: Bildungs- und Partizipationsansätze für eine nachhaltige Gemeindeentwicklung. Unpublizierte Diplomarbeit, 251 S.

Internet:

Universität Hannover, Juni 2004: Gesellschaftliche Grundlagen, http://www.laum.uni-hannover.de